HEMILCE AMÍLCAR LÓPEZ

SEIDAD

Segunda edición corregida
Mar del Plata - Buenos Aires
Argentina

Corrección y diseño de tapa:
Silas Christian López Ortiz
Silaschris67@yahoo.com.ar

Queda hecho el depósito que marca la ley 11.723
I.S.B.N. 950-562-601-0

PRÓLOGO

Nos encontramos en este florilegio de poemas filosóficos "Seided", (la capacidad de ser), de Hemilce Amílcar López, con una poesía profunda, original, característica de un espíritu superior.

Sus poemas son auténticas creaciones, simbiosis de poesía y de filosofia, con profundo conocimiento de las cosmogonías, etnogonías y literaturas orientales, clásicas y modernas, y en los que aparecen vocablos latinos y griegos porque él mama la Filología – el amor a la palabra -, y porque en ella rebullen los términos como en la efervescencia primigenia del proceso de gestación del cosmos.

Hemilce López piensa - ¡y creo con razón! – que es menester huir de lo vulgar, lo bajo, lo cotidiano, para ascener a lo alto, lo puro lo prístino.

"Me preguntas: ¿si empiezas de tan alto, cómo seguir ascendiendo? Te pregunto: ¿si empiezo de más abajo, cuándo arribar?", se interroga Hemilce López, porque él cree subconscientemente dar lo mejor de si, para que sirva de ejemplo, de paradígma, como cumbre a la que hay que arribar.

El universo es energía que flota en el espacio y somos esencialmente energía emanada de aquella otra energía eterna, y a ella debemos volver purificados para vivir en ella por toda la eternidad.

Por ello, no debemos permanecer en la vulgaridad, en la materialidad, sino ascender a lo alto mediante el sendero que nos fija Hemilce López en estos poemas plenos de belleza, de sabiduría y de hondura espiritual.

Rafael Bojart Ortega
Buenos Aires, Marzo 1983

PROEMIO

Señor,
os falta algo:
el amor de los hombres.

Humanidad,
os falta todo:
el amor a Dios.

PREFACIO

...hoy completas una elipse más
en tu trayectoria de seidad terrícola,
que ella siga siendo espiraloide
para que su apertura dé paso
al incesante caudal cognoscitivo
que permite la realización
en la Unidad Cósmica.

SENDERO

¿Qué escribir
que no haya sido tipografiado?
¿Qué decir
que no haya sido escuchado?
¿Qué cincelar
que no haya sido corporizado?

Si el universo
me conmueve por su inmensidad,
y el ätomo, por su micrometría
me satura de interrogantes,
¿a que se debe?
Tal vez a que relaciono
el conjunto galaxial
con las paupérrimas
terrícolas perspectivas,
y el átomo
con las posibilidades potenciales
del desarrollo espiritual.

Esto me recuerda a Protágoras:
"panton crematon metron anthropos"
(el hombre es la medida
de todas las cosas).
Si pienso que las galaxias
son subátomos de algun macrobio,
y que las partículas electrónicas
ondulan en dilatado
universo de microseres,
me parece que estoy parafraseando

a Walt Whitman:
"creo que una hoja de hierba
no es inferior a la jornada
sideral de las estrellas".

Si se me ocurriera, pudiendo,
pintar cual Leonardo,
Brueghel, Rembrandt,
ya estaría repitiendo;
además, ¿habrán pensado ellos
que copiaron algo
de lo que el mundo les ofrecía?
¿Puede el hombre,
por demiurgo que sea,
igualar las bellezas
prodigadas por la Madre Cósmica?

Si intento escribir sobre la caridad,
no más que una palabra
logro entintar: Vinoba.
¿Cuánto más puedo saber,
que la sabiduría de los Evangelios?
¿A que antigüedad me puedo remontar,
que los Vedas no superen?
¿Qué comienzo puedo adjudicar
a lo sensorio?,
¡si debo partir de lo inmanifestado!
¿Es que no debo escribir,
ni plasmar, ni exteriorizar,
para no repetir? .
¡Tendría que no-ser!,
es decir
¿tan sólo ser en potencia?

No.
Todo aquello no soy yo ni yo lo hice.

Debo crecer en acción,
en sabiduría y en devoción,
hasta darme cuenta
que en la totalidad gravito;
hasta saber que soy
menos extenso que un fotón
y más dilatado
que todas las galaxias;
¡hasta que mi devoción
me evidencie que yo soy Él!
(¡O que Él existe como yo!).-

MUTACIÓN

Me pides llaneza, simplicidad, vulgarización,
¿Es que puede un llano,
Una vez erguido en montaña,
Nivelar su cima con su sima?
¿Ha de volar el cóndor rozando las violetas?
¿Puede condensarse todo el aroma primaveral
En una burbuja?

¿He de pedir a Dios que venga hacia mí,
o habré de iniciar mi jornada hacia Él?
¿Entibiaré el hábitat para la molicie
o activaré la acción
para incrementar la fisiotermia?

No he de sentarme sobre plinto alguno
ni he de pensar en compartir el Olimpo,
mi linaje no es de dióscuros,
mas de eviterna criatura sí será.

No pidas a lo volumétrico llaneza,
no quieras al círculo como punto,
deja que la espiral ya no sea recta,
acepta al infinito como al todo.

* * *

También en la humana grandeza (?)
está lo canijo.

14

Si mucho alguien puede, sabe, es (?)
¿no podrá también inclinarse
cual ubérrima espiga?
Plugo al Mahatma
realizar las tareas más humildes.
Optaron las divinidades
por ceñirse en avataras.
Compartió Cristo con los desposeídos.
Habló Dios con Job.

* * *

No me pidas llaneza
porque tengo aristas;
no me pidas simplicidad
porque aún analizo;
no me pidas vulgarización
porque aún me pienso "yo".
Si bien la trayectoria hollada
la veo extensa en espacio,
la remanente
la siento extensa en el tiempo.

* * *

Cambiaré mis arcaicos módulos temporales
para ayudarme en complacerte
para ser simple
cual belleza, virtud, verdad.-

III   26-Jul-75

15

APRENDER ES RECORDAR. – PLATÓN

Me preguntas:
¿Si empiezas de tan alto,
Como seguir ascendiendo?
Te pregunto:
¿Si empiezo de más abajo,
Cuándo arribar?

La trayectoria es dilatada,
la meta, longíncua.

¿Recomienda Mercurio
al áspid o al laurel?

¿Por qué andar sobre lo pisado?
¿Por qué zigzaguear habiendo rectas?

Que lo pretérito nos brinde un arquetipo;
que el futuro nos permita superarlo.

Que el ascenso sea
silente y veloz
cual melenada estrella.

¿Y la meta?
¿Cómo hallarla?
¿Cómo es?
¿Preguntar a quién?

A nosotros mismos,
pues la conocemos,
aunque no la recordemos,

pues de Allí partimos.-

AQUÍ

Si nos apresuramos en nuestro juicio,
diremos que Hesíodo
se expresó micrométricamente
al decir que un yunque
(el de Vulcano),
tardaría siete días con sus noches
en llegar a la tierra,
cayendo desde el cielo,
y otro tanto tiempo
para llegar a los infiernos.

¿Es que el griego poeta de la Beocia
no tuvo conciencia galáctica?
¿O fue su decir hiperbólico
Que dio magnitud leyendaria
a una realidad inequívoca?

Son muchas
siete alboradas interpuestas,
más otros siete ocasos.
Si el universo es esfera
Con superficie no hallable,
entonces su centro es éste,
aquí el cielo, aquí la tierra,
aquí el averno.

La clave es simple,
se puede optar por el fulcro,
la trayectoria será inevitable;
aquí el cielo o la gehena,
el pétalo o la espina.-

18

ALQUIMIA

La transmutación es un hecho;
miles de lunaciones transcurrieron
para su aceptación científica.

Pero que se queden los tecnófilos
con su argiropeya, sólo aceptaré
aquella que da selénicos albores
a la filástica crisma.

Quienes buscan complicidades
que practiquen la crisopeya;
demasiado denso es el áureo elemento
para transportarlo a los cielos.

Que mis intenciones sean de argentado brillo,
que mis actos sean de regio fulgor,
que mi alma tenga un ala con brillo de plata,
que un ala con fulgores de oro tenga mi alma.

Cuando el largo viaje emprendamos
De la estequiogénesis nada llevaremos.
Sí, cargada nuestra alforja
con determinismo propio:
electrones como rémora,
o protones como impulso,
o neutrones,
por identificación fitológica.

Nuestra alforja será pequeña
para que no quepan vanidades,
será cual universo ilimitada

para las perlas del alma.

Cual átomo-nous
llevará toda nuestra historia
y toda nuestra prehistoria;
que es decir nuestro futuro,
que nosotros decidimos.

La cumbre o el abismo;
cenit o nadir;
metal o virtud;
yo elijo, yo transmuto.-

CONVIVAMOS

Dices:
Dudo que haya existido Cristo, Buda…
Digo:
¿Por qué han de preocuparte
sus existencias?
-Pues, para seguir o no
lo que se tiene por sus prédicas.
-Acaso necesitas corporización
de la verdad o de la mentira,
para ser veraz o falaz?

Dejemos de lado las pruebas históricas
de sus existencias.
y las pruebas no históricas.

Reflexionando, ¿qué determinas?
Si tus sentimientos
te hacen solidario,
abnegado;
si cultivas la amistad,
si cantas, escribes, pintas,
para solaz de otros;
si tu actitud es sincera,
tus obras honradas,
¿qué gravitación apreciable
ejercería en tus cotidianas acciones
la encarnación o no de la divinad?

Juan se hizo bautista
antes de conocer a Cristo.

Tú tienes suficiente firmeza
para no necesitar aquel apoyo.
Otros dependemos de fetiches
o imágenes, o ideales,
o arquetipos.
Tú apóyate en ti.
Deja a unos con Buda, a otros con Rama,
con Krishna o con Cristo,
con el materialismo o el espiritualismo;
todo proviene de lo inmanifestado,
seamos solidarios en lo manifestado;
ya sea el mundo Maya (ilusión) o realidad.-

CENTROBÁRICO

Nuestro mundo se nos presenta desordenado,
quisiéramos hallarlo placentero y orgánico.

¿Es que cada uno vive
(no digo para los otros)
aunque más no sea para sí?
Ayúdeme yo a que mi actos
sean honrados cual arquetipo gandhiano.
No aguardemos acuerdo universal
para la partida,
habrá desacuerdo;
cada uno intente su posible,
conservando la meta
siempre un poco más allá.

Seremos sorprendidos por transmutación tal
que no será ya marcha asintótica
la de nuestra moral,
sino digna de Diógenes, de Esopo,
de Vivekananda, de Evangelista.
La tierra será un Edén;
si todo lo damos, todo será nuestro;
nada ocultaré en mis heredades
pues todo será mío, todo será tuyo.

No nos preocupe la entropía
pues cada uno tiene su propio sendero;
siempre habrá distinción,
aunque no diferencias,
cada cual con su acción,

sabiduría o devoción
(o con las tres)
recorrerá el radio de la rueda de Asoka
para encontrarnos todos en el mismo cubo
que se adhiere al único Eje.

Todos somos pepitas auríferas,
unos cubiertos con más fango otros con menos.
Sequemos el lodo de los yerros
mediante su no-gratificación,
la áurea pepita sentirá transmutado
el limo en alas
el mundo en paraíso
la ilusión en realidad.
el eje será Dios,
será Alá, será Jehová,
Ishwara, Ra, Zeus,
o el Innominado si prefieres,
pero será y seremos uno con Él.-

VARA

Sepamos ver lo que este mundo nos presenta.
Pongámonos de acuerdo
con qué cristal lo auscultaremos,
pues no suceda que al expresar lo mismo
utilicemos decires paradójicos.

Es común entre gente del septentrión
decir que la luna es falaz
pues cuando decreciente se halla,
la forma de una C presenta,
e, inversamente, cuando creciente
a una D recuerda.

Por lo contrario, para nosotros,
muy veraz Selene nos anuncia:
C para creciente y para decreciente D.

Así como aprendimos y entendemos
que tratándose de antípodas
a unos calienta el sol,
mientras en sombra descansan otros;
y con frío, o calor se vive
si la comparación entre antecos se realiza,
¿habremos algún día de aprehender
lo que otros expresan con módulos diferentes?

Nos hablan de la irrealidad de lo sólido:
"tan solo energía es",
a quienes otros responden:
"prueba con tu cabeza la pared".

25

Este objeto que vez azul, no lo es,
pues se queda con todo el espectro
menos el color que rechaza, el que ves.

A este mundo de luces
lo creemos imperfecto;
¿la perfección será entonces tinieblas?
¿Habrá alusión a ello,
en el nombre del divino Krishna?

Hemos leído:
"la luz es la sombra de Dios".
¡Activen mis neuronas su labor
para que pueda comprender esta oración!
O, tal vez, no se trate de cerebros,
sino de almas se trate.

El entendimiento
se facilita entre semejantes;
si a Dios no lo palpo
Lo buscaré en el otro extremo.

Mi alma buscará Su alma,
mi intuición me hablará de Ël.

Habilitaré un canal
para Su voz y Su imagen,
utilizaré la energía universal
(cohesión, gravitación, simpatía, amor)
a su nivel requerido;
amaré a Dios con tal intensidad
y con tal continuidad,
que terminará conmigo dialogando.

No se trata
de contemporáneo hallazgo,

todas las biblias
de todas las religiones lo dijeron;
cada una con su voz,
cada una a su nivel;
de la misma luz
colores y matices;
el espectro vuelve blanco,
la creación a su Creador.-

CONÓCETE

Eclesiástico,
I:26 "Si apeteces sabiduría,
guarda los mandamientos,
y el señor la dispensará"

¿Qué es saber?
Quisiera saberlo;
aunque tuviera que no escribir,
pues pienso que quienes mucho han sabido
nada han escrito:
he allí Jesús, he allí Sócrates…
la enumeración no es taxativa.

El Supremo Omnisciente
tampoco trazó letras;
se expresó con flores, metagalaxias,
alondras, espirogiras, estalactitas…

Claro que, aunque yo supiera,
tendría mi contorno.
Lo tuvo Cristo: cosas hay en el cielo
que sólo mi Padre conoce;
lo tuvo Sócrates, aunque su decir
fue extremadamente hiperbólico:
sólo sé que nada sé.

¿De dónde partiremos?
De lo que tengamos más cerca, de nosotros,
pues pienso que el frontispicio de Delfos
no en vano ostentaba su "gnothi seauton"

(conócete a ti mismo) que llamó la atención
del joven Sócrates.

¡Cuántas clepsidras agotaron sus aguas,
cuántas ampolletas sus arenas,
cuántos gnomons se ensombrecieron!
y continuamos nosotros
en nuestra supina ignorancia.

Reflexiono: si ignoramos por negligencia,
lo que parece ser cierto,
entonces, no partiremos de nosotros
ya que tan cerca nuestro no nos hallamos.
Comenzaremos por algo más próximo,
más íntimo, más seguro, más real,
que estuvo con nosotros
antes que nuestra conciencia lo estuviera;
comenzaremos por El-que-mora-en-nosotros,
comenzaremos por Dios, omnipotente,
y habremos centralizado la saeta.

Recordemos las escrituras:
conoce a Dios, y por añadidura
todo te será revelado.-

PALINGENESIA

Nicodemo no interpretó a Cristo,
cuando le dijo: "oportet nasci denuo"
(es preciso renacer).
y adjudicándole numerosas interpretaciones.

¿Qué significó Cristo con
"es preciso renacer"?
Las acepciones del lexicón
nada satisfactorio aportan.
¿Se trata de palingenesia,
sobre este mismo solar,
o sobre otras esferas?
¿Qué alcance esotérico tiene
el vocablo exotérico metempsicosis?

Tal vez este renacer esté identificado
con la tarea de Juan, el bautista;
rito más que milenario
que se pierde en la noche de los tiempos
(que se halla en los albores de lo humano).

Cuando el sacerdote sumergía
en la sacra pila
y de los cabellos sacaba
a punto de asfixia,
¿no sería éste un modo de renacer?
Pues en momento supremo
todo se recuerda
y oportunidad es
de enmendar errores,

de cambiar por la buena senda.
Con todo, si la duda persiste,
será bueno para todos
seguir a Cristo,
ya lo aceptemos como arquetipo,
o con otro nombre lo aceptemos.

San Agustín dijo:
"miles de años antes de Cristo,
existía el Cristianismo".-

PARADOJA

Sabes que existes y que existe el mundo,
pero no admites que haya Creador.
Ello me resulta paradójico,
por cuanto existencia viene de ex - sto:
estar fuera o sobresalir,
o algo que ha salido de la esencia.

Dices que el universo
es un fenómeno de siempre,
que el azar efectuó
la combinación físico-química
que se a dado en llamar vida.
Continúo viendo contradicción,
pues un fenómeno es causado por un noúmeno,
y la combinación físico-química
responde siempre a leyes inmutables,
que el cálculo de probabilidades
hace dudosa la aceptación del azar
como razón de tal armonía.

Tal vez no llegué a interpretarte,
y lo que quieres, es agregar otro nombre
a la lista de varios cientos
que los pueblos al Creador han dado:
A-pa en el sur de China,
Bog entre los eslavos,
Hyel en Nigeria, Leza en Rodesia,
Tev en Nicobar, El en Fenicia,
Anú en Caldea, Ra en Egipto…
De buen grado puede incluirse

la designación Azar (que tú propones).
Al ver tantas "injusticias"
exclamas "no hay Dios".
Si los humanos
con sus diarias acciones
responden más a lo negativo
que a lo positivo,
si vibramos en desarmonía,
si nuestra sintonía
capta las ondas disociantes,
teniendo en cuenta
que en mundo de dualidades vivimos;
en lugar de recibir y confrontarnos
con efluvios divinos,
respondemos a una endósmosis demoníaca
cegándonos para lo bueno,
convirtiéndonos en la caja de resonancia
para lo malo.

Así claro está, que negaremos la luz
por habernos quitado los ojos.

Ama a Dios,
y Lo encontrarás en todas las cosas,
y, por sobre todo, dentro de ti.
Tú has salido de la Esencia
y, paradójicamente,
la Esencia está dentro de ti.-

INTANGIBLE

"A minimis maxima prodeunt";
las cosas más grandes,
tienen orígenes muy pequeños.
Observa y te convencerás,
cuanto más trascendente
y noble es la obra
más humilde es su ejecutor.

Otra conclusión
a la que puedes arribar
es que el universo entero,
para su manifestación organoléptica
necesita de una base no tangible,
no concreta.

No habría alimento dulce
si no preexistiera la dulzura,
no conoceríamos seres buenos
si no se sustentaran en la bondad,
ni siquiera existiría el "ser"
si no le hubiera precedido la "seidad".

El puente se "construyó" primero
en la mente del ingeniero.
Y avanzando más podríamos citar:
"Las generalizaciones (físicas)
hechas epistemológicamente
tienen una seguridad no poseída
por las hechas sobre una base empírica".
(Sir Arthur Eddington);

genio singular que,
en este siglo tecnológico
tuvo la valentía de decir.
"el universo no es más
que un gran pensamiento".

Pensemos:
¿ese pensamiento
fue elaborado por nosotros?
¿pudo el azar "programarlo"?

Tenemos prisa,
busquemos respuesta
que sea razón necesaria y suficiente;
adjudiquemos a Dios tan magno hecho,
y sentiremos que nos llega la paz;
que la bienaventuranza no es utopía,
ya le nominemos Paraíso, Cielo o Nirvana;
la Totalidad Una se apoya en Deidad.-

ACTUALIDAD

Todos buscamos algo,
unos sin saber de qué ir en pos,
otros con seguridad
a la meta creen dirigirse,
algunos esperan que alguien
les aproxime su complemento.

Todos sentimos que nos falta algo
aunque no logremos definirlo.
Se va tras una y otra posesión
práctica o artística,
que una vez lograda
poco nos significa.

La gratificación sensoria
se nos ocurre inacabable;
por momento satisfecha,
renace más pujante.
El dipsómano
ve su grial cada vez más reducido,
el prandiófago
quiere emular a Heliogábalo
con su trofología patogénica.
Tragaldabas nos parece,
quien a la gula cede.
Y el que otros pretendidos placeres
quiere allanar
encuentra cada vez
más difícil de lograr.

Nos preocupan muchas cosas:
la epidermis
en constante demanda,
si el tejido adiposo
sobra o falta,
si las apófisis
en demasía sobresalen,
dónde ubicar la crencha
si la cima despoblada.

Para disponer de más tiempo:
un automóvil más veloz,
muchos aparatos en casa;
que nos complican con sus entropías;
y si logramos "ganar tiempo"
no sabemos qué hacer con él,
y buscamos distracciones,
que son dispersiones;
no abstracción,
que pueda darnos la clave,
para asirnos a lo apacible,
a lo eterno,
para lograr lo que en realidad
todos buscamos,
que es la bienaventuranza
que se nos ofrece a raudales,
que en la base de toda religión
se encuentra.
Busca en la tuya, no la cambies,
el Señor recibe a todos,
sin importar que sus pies
lleven polvo o fango
de éste o aquel sendero.-

RETORNO

Los equinoccios en su precesión,
¿cuántos miles de rondas
veintiseismil-añeras
habrán completado,
desde que la vida nos presentó
la bifurcación trascendental
que nos condujo a preferir
la deuterostomía a la protostomía?

Indudablemente, innumerables,
fueron estas traslaciones solares
calculadas por el sabio Manú,
hijo de la India milenaria.

Ahora se nos presenta
una nueva dicotomía,
simbolizada por el caduceo
del hijo de Júpiter que calza talares.

La concentración dinámica se satura,
la solidez estática irradia,
el descenso máximo se completó,
la retrogradación es segura.

Sólo nos queda el retorno,
la Fuente ya más no espera;
aunque aún podemos elegir:
volver a Ella por laberíntico camino
o por recto, seguro y estrecho sendero,
la elección es nuestra.-

De "MUSIC OF SPHERES"
G. Murchie

XV 11-ago-75

11-ago-75

NAO

Quisieras viajar en nave espacial
en pos de otros mundos,
de otras formas, de otros seres,
otras ideas, otra moral.

¿Acaso no estamos viajando en nave tal?
con sus múltiples movimientos:
rotación, traslación, eclíptica,
desplazamiento polar, precesión…

Aquí encontrarás seres asimétricos,
simetría radial, o lateral;
radiolarios y elefantes,
la euglena
que participa del vegetal
por su clorofila
y del animal por su movimiento.

Hallarás vida
en las termas y glaciares,
en la tierra y en el aire,
en agua dulce o salobre.

Si desde tu sitio de observación
ves lucha por subsistir,
también verá simbiosis,
mutua colaboración.

Ideas y costumbres, de todo matíz,
entre nos hallarás.

40

Material de estudio tienes a granel:
dólmenes, menires, Stonehenge,
pirámides, esfinge, Dzibilchaltúm,
calendarios, altiplano, Baalbek.
Leyendas (?), mitologías (?), religiones.

¿Para qué cruzar el río
si la otra orilla es ésta?
A tu alcance tienes
la nave espacial más prodigiosa,
que es el pensamiento;
no tendrás las limitaciones de Ícaro
ni de módulo fallido;
podrás viajar a las profundidades
más externas y más internas.

Y seguramente en tu trayectoria
te encontrarás con Él,
origen de todo movimiento,
recompensa suprema
que te colmará de bienaventuranza;
y ya no desearás partir,
por haberte unificado,
porque estarás en el todo,
porque en el Uno estarás.-

INEXISTENCIA

¿Con qué llenar el vacío interior?
dilatado, profundo;
hondonada en el abismo,
oscuridad en la tiniebla,
silencio de clamores;
eco de temores
ancestrales o actuales.

Existencia de la nada,
oquedad superlativa,
extensión inacabable,
donde cosa alguna no cabe,
ni la bestia apocalíptica.

Sólo quien tiene ese vacío
puede frecuentarlo;
cohesión irresistible,
adherencia reiterada,
contrapeso con masa de quasares.

* * *

Para nivelar el fiel
de la balanza cotidiana,
habrá de posarse
en platillo opuesto
toda "vanitas vanitatum"
que pueda conseguirse

42

(los medios no cuentan),
tan sólo el fin;
¡obnubilado empeño!

* * *

Probemos otros medios
que sean eficaces;
si los objetos no resultan
y los sentidos se cansan,
seguro que en extremo opuesto
la solución se halla.

Siendo eviternos
cambiemos lo transitorio
por lo eterno,
y el vacío será ilusorio,
la bienaventuranza lo habrá colmado,
la soledad inexistente,
el universo será nuestro,
el vacío ni siquiera recuerdo.-

SEMEJANZA

Que el hombre haya sido hecho
a imagen y semejanza de Dios
no lo entiendes.
Es razonable,
pues no sabemos qué es el hombre
y menos aun qué es Dios.

Ignoramos sobre nuestros albores;
nucstra trayectoria es enigmática;
hasta dónde nos proyectamos,
es incógnita.
Científicos dicen
que el hombre de Neandertal
es precursor del hombre actual,
otros: que pertenece
a degenerativa bifurcación.

Por otra parte,
esa imagen y semejanza,
¿no será aplicable
a las posibilidades que
el ser humano tiene,
y que no se interesa por saber?
¿Qué te impide ensayar
en esta problemática?
¿Quién puede asegurar que tu labor
no te brinde éxito seguro
cual positivo resultado
de verdad gandhiana?

Si todos plantáramos algunos árboles,
habría más oxigeno
para nuestros alvéolos.
Si ensuciáramos menos,
la contaminación no ascendería
como bisectriz en coordenada cartesiana.

De este mundo podemos hacer
un jardín o un vaciadero,
un huerto o un páramo,
Edén o Gehena.
Entonces, ¿estamos hechos
a imagen y semejanza de Dios
ya que podemos crear
las condiciones por las que optemos
para nuestro hábitat?
¿Qué nos impide ser solidarios?
Seamos razonables, lógicos, prácticos,
programemos adecuadamente
una computadora
y nos dirá que somos demiurgos,
ratificando las enseñanzas
de los profetas de cada religión.

Aquí mismo podemos crear
las condiciones de bienaventuranza,
todos viviremos con alegría y paz
(actuales utopías).
Estemos seguros que somos
imagen y semejanza de la Divinidad
y encontraremos los medios
para crear un mundo cual Edén,
digno de ser razonables, lógicos,
prácticos, técnicos,
científicos, civilizados…
Si así se compone

la sociedad contemporánea,
no me resigno a aceptar
la imposibilidad de discernir
entre positivo y negativo,
entre paz y guerra,
entre risa y llanto.

Si nos obstinamos en no comprender,
Entonces confiemos en la computadora,
libre de obnubilación egoica;
ella decidirá nuestro futuro,
la cibernética,
aparente negación de lo humano
podrá darnos las pautas
de nuestra convivencia
armónica y feliz.

Computadora, maravilla que actúa
por leyes precisas e inmutables,
y, obediente a ellas, responde;
leyes descubiertas por el hombre,
leyes eternas,
emanadas del Eterno,
podremos confiar en ella
depositando nuestra fe en Dios,
Creador de su creador.-

SÜMMUM

Me haces preguntas sobre la existencia
de un creador del universo
y te afanas en invalidar mis respuestas.
No tengo prisa en que compartas
mis opiniones o mis creencias.

La búsqueda del sentido de la vida
debe tener propio, individual impulso.

Cuando el personaje de H. G. Wells
se encontró en el País de los Ciegos
¿acaso pudo convencerles
que él veía y ellos no?
Tenían su cuadrícula conceptual
lo suficientemente lignificada
como para que sus capilares
fueran conductores
de la nueva savia.

Hazme preguntas sobre el Creador
cuando ya no te satisfaga tu negación.

Cuando comiences a buscarlo,
no necesitarás mis palabras
pues ya Lo habrás encontrado,
a juzgar por la respuesta de Pascal:
"Tu ne me chercherais pas
si tu ne m´avais trouvé". (1)

(1) "No me buscaríais si no me hubieras encontrado".

Si meditamos un poco
encontraremos que cada uno
tiene un dios a su imagen y semejanza,
que irá modificando en función
del parámetro que adopte.
Su actitud, su acción, su pensamiento,
están centrados en las posibilidades
que coadyuven a su gratificación.

* * *

Una vez
colmado lo sensorio
se intensifica la búsqueda
de otra faceta,
o de varias
a la vez.

¿Cuándo te decidirás
a ver el Brillante
en su totalidad?

El camino es largo o breve,
en función del vehículo utilizado,
elige la nave y el combustible
afín a tu naturaleza.
Que sepas conducirla
para evitar direcciones equívocas.

Hallarás el Brillante
que te será muy caro
por haberlo logrado tú mismo.
Recompensa inconsútil
de valor eterno;
inefable experiencia;
Divinidad lograda.-

CONJUGACIÓN

Se nos habla de la inocuidad
de las medianías,
de la ineptitud
de piaras mediocráticas;
por otra parte, hemos leído
que la virtud
en justo medio se halla.

Observemos:
los extremos
se nos presentan como acicates
para la renovación;
la virtud ejemplificada por minorías
ha servido de freno
a vidas desordenadas.
Los excesos negativos
acuciaron a los tibios
para decidirlos a actuar.

En ambos casos encontramos
acción positiva de los extremos.

Sigamos observando:
en lontananza hay un cerro,
alguien sube por el este,
llega a la cúspide,
desciende por el oeste.
Nace un ser,
es ayudado para que subsista,
realiza obras manuales, intelectuales,

después declina.
Se funda una ciudad,
se establece una nación,
todo es prosperidad y gloria,
mas termina como Ur, como Troya,
casi leyenda, casi olvidadas.

Analicemos:
las medianías pueden ser anodinas,
no permanezcamos en tal actitud;
los extremos
habitualmente producen desequilibrios,
peligro individual y colectivo.
La culminación del cerro
siempre la hallamos
a mitad de camino.
La mayor actividad,
antes de la decrepitud.

¡Habrá que imitar al cono,
apoyado sobre su directriz!
Descansar sobre el vértice
para el cono será desatino;
sobre su base, inmovilidad,
estancamiento, retroceso.
Su directriz le dará plasticidad,
renovación, nuevas perspectivas.

Concluyamos:
Tengamos la energía
de las acciones extremas,
pero la perspectiva
que nos brinda la cúspide.
Así paradójicamente, armonizaremos
con Ingenieros y con Aristóteles.
En el extremo virtud

y virtud en el medio.
Muelle que al reloj impulsa,
péndola que regula.
"Sic ítur ad astra"
Así se eleva la humanidad
hasta lo infinito.-

MANZANA

Libertad para proceder
determinismo para responder.

Por momentos
vibran nuestras fibras
al ritmo del libre albedrío,
mas efímero es el lapso
por habernos conducido
a profundo abismo
a escarpado paso.

Solemos también sentirnos
encadenados cual Prometeo
sin vislumbrar un Vulcano
con bigornia y brazo fiero,
que los eslabones quebrante;
aunque recordemos a Brunilda
liberada por Sigfrido.

Determinismo y libre albedrío,
incógnita de siempre,
para nuestra dualidad pensante;
dos páginas de la misma hoja,
mango y filo
de la misma herramienta,
luz y sombra
de la misma forma,
soma y psiquis.

Si no fuera

por la resistencia del aire
muy raudo sería
el vuelo del ave.
Si no fuera
por la sustentación del aire
ya nulo sería
el vuelo del ave.

Conjuguemos
determinismo y libertad,
la resultante será la senda
por donde los sabios-santos
han sembrado conocimiento,
comprensión, caridad...

Se libre, para hacer el bien;
engrillado, para no proceder mal.
Libre, para colaborar con la naturaleza;
impedido, para distorsionarla.
Libre para la virtud,
inhábil para desconocerla.

Así, entonces,
ya no hallarás dicotomía
por resolver;
no habrá bifurcaciones
para errar.
La humanidad
encontrará que es una
en su pluralidad..

Libertad,
determinismo,
dos pies
para la misma criatura.-

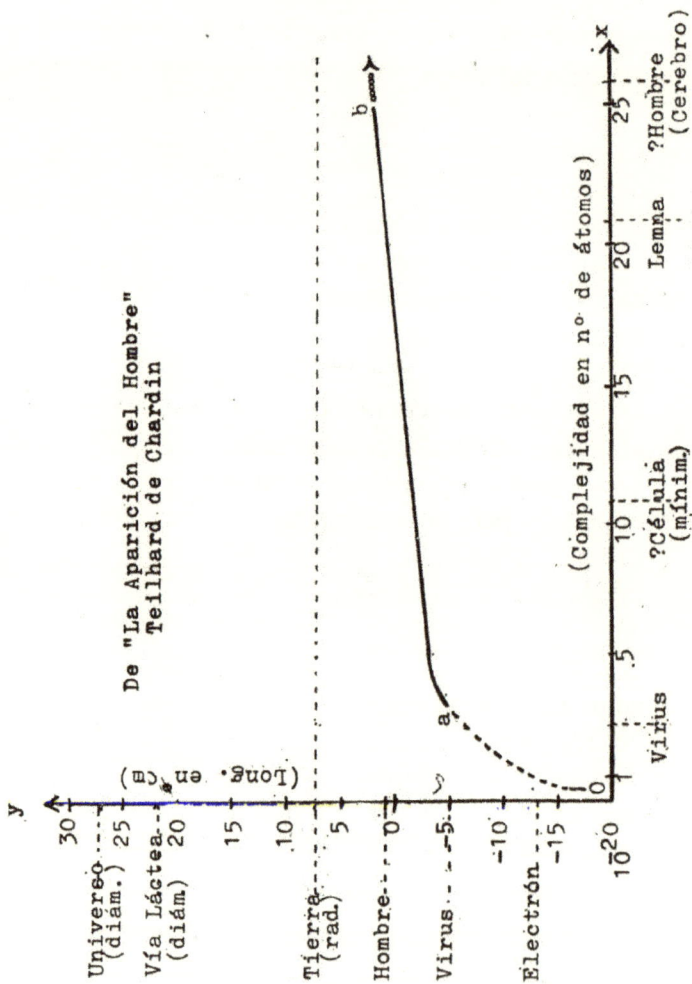

De "La Aparición del Hombre"
Teilhard de Chardin

y

(Long. en cm.)

30
25 — Universo (diám.)
20 — Vía Láctea (diám)
15
10
5
— Tierra (rad.)
0 — Hombre
-5 — Virus
-10
-15 — Electrón

x

(Complejidad en n° de átomos)

Virus   1   5   10   15   20   25
              ?Célula   Lemma   ?Hombre
              (mínim.)   (Cerebro)

a
b

UNICIDAD

¿Dónde, cuándo comienza la vida?
¿En la célula, que realiza
todas las actividades vitales?
Flagelados, radiolarios, ciliados…
Aunque protozoos
tendremos que desecharlos
por demasiado complejos.

Busquemos antes:
¿estará el origen en la mónera?,
partícula aún no diferenciada
(sin núcleo, sin membrana)
(según Haeckel, generación espontánea
ontogenia de lo inorgánico).

Reflexionemos:
¿Por dificultarnos el estudio
su extrema pequeñez,
tenemos base científica
para adjudicarle generación espontánea?
Con mismo derecho un ser metagaláctico
nos consideraría partículas
ontogenéticas de lo inorgánico.

Retomemos el tema:
continuemos en dirección inorgánica;
nos encontramos con la cristalografía,
en soluciones adecuadas
los cristales nacen, crecen,
reconstituyen partes quebrantadas,

hasta se reproducen por escisiparidad.
¿Hay vida tras los otorrómbicos,
triclínicos, hexagonales,
cuadráticos cristales?

En poesía alemana podemos leer:
"las plantas y los animales
son los sueños de la naturaleza,
cuyo despertar es el hombre".
¿Qué nos impide pensar entonces
que la célula, la mónera, el cristal…
son sueños más profundos?

¿Dónde nos conduce todo ello?
Tendremos que considerar también
la metamorfosis de los exápodos:
la oruga, con su diferenciación tisular
se disuelve en crisálida
de contenido homogéneo,
de donde surge
el multicolor lepidóptero,
tentación de entomólogos.

Sintetizando:
¿Tenemos que pensar
que tras la crisálida
y las soluciones cristalogénesicas
se halla alguna directriz,
algún dinamopsiquismo
que cual campo magnético
corporiza su espectro
con limaduras aparentes?

¿Y tras esa idea centrípeta,
no podemos hallar la intención,
la ley,

el pensamiento divino?

Sí.
Diría Paramahansaji.-

PERMANENCIA

Saboreo una fruta madura
y tengo de ella algún conocimiento
que no puedo transmitírtelo íntegramente;
tus papilas, tu olfato, deben captarlo;
te darán una versión
más aproximada de la realidad,
de lo que yo pueda expresarte.

Asimismo, tu realidad no será la mía,
pues tus extremos dendríticos
tienen sus propias experiencias,
y los registros corticales
sus propias decantaciones;
tú con tu realidad, yo con la mía.

Cada uno con su idea de justicia,
de equidad, de lógica, de ética.
Cada uno con su dios.
¿Cómo hallarLo?
La suprema experiencia
también es individual.

Un sendero par Su encuentro,
es utilizar todo instante
para tenerLo en pensamiento,
para amarLe intensamente.
QuererLo en sus obras,
en sus daciones,
y por encima de a nos,

quererLo a Él.

Tenemos libertad para amarLe,
o ignorarLo;
para reconfortarnos con Su presencia,
o distraernos
para no sentir que Lo que necesitamos.
Y esa dispersión será más intensa
y renovada con más frecuencia,
a medida que los objetos
y sus sensaciones, transcurran.

Habrá necesidad de prolongarse
en obra de cualquier naturaleza:
destruir los textos alejandrinos,
construir monumentos,
tener descendencia,
ser epónimo de lo que fuere.

En fin,
buscar eternidad.

Hállala tú, por ti mismo,
cual conocimiento de la fruta.
O, excepcionalmente,
sé permeable a mi exósmosis
que anhela ayudarte
en la búsqueda suprema,
razón de todas las razones,
hallazgo de Dios, nuestro Señor.-

ANDADERAS

Nuestro concepto sobre la vida,
el ser, el universo,
son acertados.
Ello no significa
que sean completos.

* * *

Si nos son suficientes
para proseguir el camino
el norte, el sur, el este y oeste,
sigamos caminando;
pero, cuando nos sean insuficientes,
agreguemos a ellos: cenit y nadir;
y en lugar de hollar los senderos
podremos proyectarnos en el espacio;
nuevas percepciones para nos.
Si las alturas (?) y velocidades
nos llevaran al vértigo,
pues, agreguemos un séptimo cardinal
a nuestras coordenadas:
nuestro sitio
y nuestro momento y lugar
en la eternidad.

Hay un sitio, una trayectoria
para cada ser,
que cada ser labró para sí.
Pero hay sólo una meta:
el Uno.

Libertad para hollar
éste o aquel sendero;
determinismo para encontrarnos
en único abrazo.

Libertad para entretenernos
mientras avanzamos;
determinismo para seguir avanzando.

Si necesitamos alguna medida espacial
y temporal
para nuestras jornadas,
hallaremos innumerables:
micrón, kilómetro, angstron,
año luz, parsec;
o hindúes si queremos:
el tiempo que un átomo demora
en recorrer su propia unidad espacial,
o un día de Brama
(ocho mil seiscientos cuarenta
millones de años nuestros).

Opta por tu trayectoria espacio-temporal,
pero antes aguza tu mente
cual ángulo de paralaje,
para que tu concepto sobre la vida,
el ser, el universo,
sigan siendo acertados;
y además menos incompletos.

Llegarás a trascender
espacio y tiempo,
andaderas transitorias;
no te harán falta
ni los siete puntos cardinales

ni reloj de arena, sol, cuarzo
o clepsidra.

Serás en el Uno,
que es Dios
nuestro Señor.-

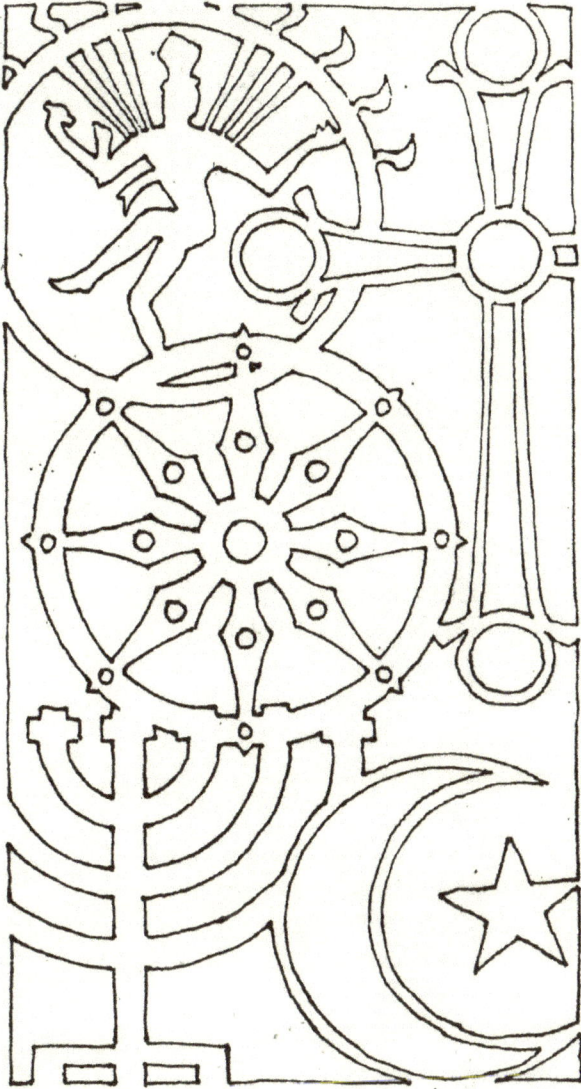

De "GREAT RELIGIONS OF THE WORLD"
National Geographic

XXIV

XXIV   2-sep-75

VERBO

Dicen los evangelios:
"En el principio era el Verbo;
y el Verbo era con Dios,
y Dios era el Verbo...
todas las cosas por Éste
fueron hechas."

* * *

En el Verbo podemos hallar dos faces:
el pensamiento y la palabra.
El pensamiento divino,
mediante la palabra,
dio origen a la creación.
Este mismo concepto
lo tienen los indostánicos,
representado por "Aum" (Om),
palabra que da origen a toda palabra:
"a" pronunciada
con la parte posterior,
"u" con la parte media,
y "m" con la anterior;

sonido monosilábico
simbolizado por la caracola
sostenida por la mano
superior izquierda de Ishwara.
Su correcta emisión
tiene alcances impensados,
los santos la conocieron.

64

Cuando le pidieron al joven Frigio
que trajera lo mejor del mercado,
trajo lengua;
cuando le pidieron lo peor,
trajo lo mismo.
Es que la palabra puede construir
o demoler.

Nos dice Paramahansa Yogananda:
"di solo cosas verdaderas,
no digas cosas desagradables
aunque sean verdaderas".

Meditemos
y decidámonos a construir
un mundo mejor;
¿Qué verbo nos guiará?
es indistinto:
Amén, si egipcio, griego,
romano, hebreo o cristiano;
si de la India, el védico Aum;
o Hum si tibetano;
Amín si musulmán…

El bien, la solidaridad,
la ayuda mutua,
no necesitan palabra
culta o vulgar
de idioma alguno,
para ejercer su acción;
pero cultivemos también
el buen decir
que hará las veces de jardín
en medio de los huertos.
¡Cuantas veces una buena palabra,

en momento oportuno
ha salvado cuerpos, y almas!
Seamos creadores
de mejores condiciones
para nuestra convivencia,
utilizando el Verbo,
la divina herencia.-

RIQUEZA

¿Quién tiene más,
un Diógenes o un Alejandro?
Cuanto mayores
posesiones prescindibles se reúnen
mayores son los temores
por posibles pérdidas.
Seguros, garantías, resguardos,
para uno y otro objeto.

No necesitas póliza alguna
si tu valioso y bello "cuadro"
es un cielo al poniente,
una gacela pastando,
una visión con ultramicroscopio,
nubes arremolinadas;
Orión, Andrómeda,
u otra captación telescópica;
una flor o un trigal.

La Madre Cósmica
pinta cotidianamente
un nuevo cuadro para ti.
No necesitas riquezas
para frecuentar otros suelos,
aprende a ver de otra manera
a tu derredor;
la piedra que pisas,
la arena, el limo,
te hablarán de ancestrales eventos,
la pétrea contextura se disgrega,

tornándose fértil,
Eolo sembrará tu contorno
con anemófilas,
los pájaros cantarán para ti.
Tendrás más posesiones que Alejandro
y no hablarás tasas;
serás libre como Diógenes,
con toda tu riqueza en ti.

La naturaleza toda se te brinda
esperando que repares en ella,
no pases demasiado veloz
o preocupado,
detente ante un trino,
o un aroma;
y la jornada será breve,
el sendero leve,
la vida blanda y dulce
cual la Madre Cósmica la ofrece.

No compliques,
sintetiza, y procede
al par con mente y corazón,
que el sentimiento no esté ausente;
recuerda que "una mente todo lógica
es como un cuchillo todo filo,
hiere la mano de quien lo esgrime".

Tendrás riquezas
que nadie podrá quitarte,
a raudales podrás diseminarlas;
todos seremos ricos,
viviendo en paz,
amemos la naturaleza,
el Todo está en ella,
ella es el Todo.-

PROFECÍA

Anticiparon profetas
y santos y otros,
hechos que luego se cumplieron,
y que están sucediendo.
Piensas por ello que el existir
es sinónimo de determinismo,
de fatalidad,
que la vida transcurre
en restringido círculo,
que "homo homini lupus"
(que el hombre es un lobo
para el hombre).

Fue predicha
la destrucción de Tiro
y su precipitación al mar.
Casos como éste, innumerables.
¿Para qué ocuparnos entonces
en mejorar,
en cambiar para el bien,
si todo ha de ser fatalismo?

* * *

Los problemas se resuelven
sólo planteándolos adecuadamente.
¿Cuál es la situación, el conflicto,
ante el cual no hallamos salida?
¿La adversidad de fuera,
o nuestra actitud hostil
hacia la fraternidad?

69

Si cada uno de nosotros
actúa de manera
de no interferir al prójimo,
(aunque no lo ayude,
ya lo está ayudando),
si toda esa labor e inteligencia
puesta para el delito
fuera empleada para el bienestar,
el mundo sería un Edén.

* * *

Pensemos:
probablemente estemos
en este determinismo fatal
por haber hecho uso inadecuado
de nuestro libre albedrío.
Tendremos plena libertad
para el bien
y obramos mal
en hechos y pensamientos.

¿Son culpables los profetas
por indicarnos los efectos
de causas pretéritas o teleológicas
generadas por nuestro egotismo?

¿Es culpable el Creador
por habernos otorgado
libre albedrío
para nuestra convivencia?

La solución es conocida
pero no aplicada;
hace veinte siglos

que labios la expresan,
hace veinte siglos
que el corazón no oye:
"ama a tu prójimo
como a ti mismo
y a Dios
por sobre todas las cosas".

* * *

…y los nuevos profetas
habrán de vaticinar:
"bienaventuranza para todos";
determinismo feliz
decidido por nuestro
libre albedrío.
Divina paradoja.-

ALQUIMISTA

Alguna vez sueles lamentarte
por no haberte apartado
de algún mal hábito;
por ceder a inveteradas costumbres.
¿Tuviste empeño en superarte?
tal vez hayas pretendido
su aniquilación,
(prácticamente imposible);
te hubiera dado buen resultado
la transmutación.

Si los alquimistas existieron,
no fue precisamente
para convertir un elemento en otro,
tarea de la ciencia;
sino para demostrar que,
si es posible cambiar por otro
los cuerpos densos,
tanto más posible es transmutar
el error en virtual,
lo irracional en exceso,
el reptar en vuelo,
lo opuesto en favorable.

Si la energía es una,
no la malgastemos,
cambiemos sus formas involutivas
en expansiones del alma.
Tengamos la feliz experiencia
de habernos mejorado,

el solaz alcanzado será inefable,
la vía alquímica lograda,
inseparable.

Descubriremos mayor gratificación
al trasmutar error en virtud,
que ceder a innobles acciones.
La tentación será inexistente,
escapará de la rueda cual guijarro
ante veloz rotación.

Tal vez vuelvas a lamentarte,
pero esta vez será
por no haber comenzado antes;
no te inquietes mucho,
pero recuerda,
que a mayores conocimientos
más responsabilidades.
La virtud lo colmará de gozo,
la rectitud y la nobleza
enmarcarán tu dignidad;
serás realmente tú;
estarás entre los elegidos,
el Padre te sonreirá.-

OMEGA

Dices tener la mente
llena de pensamientos.
Permíteme esta pregunta:
¿son tuyos?
Cuando decidimos analizarlos
verificamos asombrados
que son ajenos;
nuestra mente a obrado
como reflector,
ha sido espejo
para ideas extrañas.

Llegamos a dudar
que nos quede pensamiento propio.
Mucho se habrá analizado
el poeta de "La amada inmóvil",
que llegó a decir:
yo no compongo versos,
los escribo, nada más.
Limpia tu mente,
elabora tus propios pensamientos,
viaja en tu arca,
veloz y versátil,
te llevará
a profundidades insospechadas,
aunque llegará el instante
en que el pensamiento
no responderá a tus exigencias.
Deberás cambiar de vehículo
cual los astronautas

para completar tu trayectoria,
ellos confían en la otra máquina
y en quienes la hicieron,
no vacilan en trasbordar;
tú tampoco vacilarás
en tomar tu otra nao
si tienes fe en Dios
y confías en tu intuición,
nave por excelencia,
conocimiento directo,
donde extraño reflejo no cabe,
donde pensamiento propio
está ausente.

Si dices:
"pienso, luego existo",
no trascenderás el pensar.
Si dices:
existo, luego pienso;
podrás dejar atrás el pensamiento,
cual fase de despegue
de nave espacial,
y lograr, por intuición,
tu "frecuencia modulada",
la comunicación directa
con la Fuente de Sabiduría.

Epílogo:
Analiza, aprende a pensar,
sintetiza, desecha todo;
intuitivamente ponte en sintonía
con el Omnisciente
que satisfará tus deseos,
habrás logrado
lo que todos buscamos:
Bienaventuranza,

que solo se da
con el hallazgo de Dios,
alfa y omega
de toda seidad.-

INTUSUSCEPCIÓN

Para nuestras máquinas eléctricas
seleccionamos la corriente:
contínua, alterna;
voltaje, amperaje, frecuencia.
Para nuestros motores,
el combustible y lubricantes.
¿Y para nuestra fisiología?
¡Maravillosa máquina silenciosa
cual el tiempo y el espacio!
Para ella nada seleccionamos,
por el contrario,
incorporamos todo lo agradable,
y lo desagradable lo alteramos
engañando vista y paladar.

¿Logramos engañar a nuestra anatomía?
La respuesta meditada o espontánea
es: No.
(Dado el cúmulo de enfermedades
somáticas y psíquicas).

Se dice que nuestros ancestros
devoraban al enemigo
para incorporar su destreza y arrojo.
¿Habrá algo de cierto en ello?
¿Las manifestaciones de "vida",
suspendidas en los despojos del enemigo,
no se incorporarán
a la "vida" del necrocomio,
tras la disociación gástrica?

77

Los animales tienen una clase de "vida",
¿se incorporará al hombre
la "vitalidad" de ellos?
¿Afectará aquel dínamo-psiquismo
al ser humano, yuxtaponiéndose
su lenta vibración bío-magnética
a las dinámicas vibraciones del hombre?

Las enfermedades en su mayoría,
¿no serán válvulas de escape,
que utiliza psicosomáticamente,
nuestro vehículo sutil,
para "desasimilar" las consecuencias
del atavismo zoofágico?
Empíricamente seríamos inducidos
a responder afirmativamente.

¿Qué motivos habrán tenido
Pitágoras, Krishna, Gandhi,
el profeta Daniel, Budda,
San Francisco de Asís,
Pedro, Jacob, Juan,
Apolonio de Tíana, Tolstoi, Linneo,
Platón, Plutarco, Porfirio…
(la lista es millonaria),
¿Qué motivos habrán tenido
para preferir
la alimentación vegetariana?

¿Su investigación trofológica,
qué profundidades
o que cumbres alcanzaron?
¿Su causalidad fue prandiológica,
patogénica, económica?
¿O fue de carácter

moral, espiritual?
Meditemos,
sepamos escogitar
nuetro sustento,
nuestra máquina
hace maravillas para subsistir,
no le exijamos sobreesfueros.
No "creamos"
cual anofeles o felinos:
`que el hombre fue hecho
para proporcionarles proteínas´.
Respetemos la vida animal
seamos solidarios
con el Creador,
nos sentiremos alados
cual divinidades coadyuvantes,
los cielos se abrirán
para los Humanos,
un himno de gloria
elevará nuestro ser,
compartiremos con Aelohim,
entenderemos a Platón:
"dioses sois,
y lo habéis olvidado".-

VEGETARIANOS

Diógenes, Empédocles, Cuvier,
Sri Maharsi, Hermes, Zoroastro,
Bernard Shaw, Besant, Kardec,
Ramatís, Leonardo da Vinci, Lamartine,
Dr. Larsen, Dr. F. de Azevedo, Dr. E. Alfonso,
Prof. Krause, Prof. Irving Fischer,
Prof. Mac Collum,
Cicerón, Séneca, Epicuro,
Bernardino de Saint Pierre, San Agustín,
San Benito, San Basilio El Grande,
San Francisco Javier, Santo Domingo,
Santa Teresa de Jesús,
San Alfonso María de Ligorio,
San Ignacio de Loyola,
Manú, Jenofonte, Darwin, Haeckel,
Newton, Milton, Bossuet,
Fenelón, Pascal, Rousseau,
Franklin, Wagner, Reclús,
Edison, San Clemente de Alejandría,
San Gregorio, Goethe, Ramón, y Cajal,
Bufón, Cheine, Richet, Dr. Carton...
sic de coeteris.

PARTÍCULA

Cuando hablas del alma
lo haces sin precisión,
de manera vaga.
Cuando a tu físico te refieres
puntualizas tus aserciones
cual si supieras todo
de sus partes y funciones.
¿Conoces la fisiología
del píneo-hipofisario,
de la "arenilla"
sobre la pineal,
el por que del apéndice
del occipucio,
o el xifoides,
para qué puedes mover tu oreja,
qué función vital cumple
la médula oblonga
con relación a la energía cósmica?
¿Qué función desempeña la sangre
con respecto al destino del alma?

¿Has pensado que tu físico,
más que a "materia"
se parece a "no-materia"?

Saca todo el "espacio"
que él conduce
y quedarás reducido
a ínfima partícula de polvo,
llamada "pasta nuclear",

por los científicos.
Tu base sólida se esfuma,
deberías sentirte más alma.
No digas: "cuando yo muera
mi alma tal vez vaya al cielo".
Más bien dí:
"cuando deje este físico
yo, alma,…"

Sabes que tu estado actual
un siglo no ha de durar,
condiciona tu entendimiento
para esa transición.
No sabes de "tu alma"
la eviterna duración;
en la duda, sé razonable,
actúa como perdurable.

Si en el mundo todo es cíclico,
¿por qué no has de incluirte
en la ronda?
ya que en el mundo te hallas.

Piensa en lo escrito por Franklin:
"El cuerpo de Benjamín Franklin…
descansa aquí…pero…
reaparecerá en una nueva
y más elegante edición…"

¿Recuerdas las palabras
de Jesús de Nicodemo?
¿Será más importante el alma
o el cuerpo,
aunque los dos importantes sean?
Dejo la epifonema a tu cargo.-

ACCIÓN

Solemos oir:
"en la duda, abstente".
Son muchas nuestras dudas,
viviríamos vegetando,
sin progreso,
Yo te digo:
en la duda, actúa;
acorde con tu naturaleza,
y en dirección positiva.

Medita y procede.
Pon tus manos,
tu mente, tu corazón,
al servicio de la humanidad;
que tu trabajar,
tu conocer, tu orar
sean dedicados al Señor,
como así también tu obra,
tu sabiduría, tu plegaria.
Cuando así actuemos,
el sol de nuestra ofrenda
disipará la bruma.

El caos
pudo estar saturado de dudas,
pero Aelohim actuó,
donándonos Su magna obra.
¡Qué nuestras acciones
hayan respondido a Thánatos!,
eso es lastre

resultante de nuestra volición.
Si cruzamos el desierto,
dejemos los denarios,
y portemos agua fresca.

Los profetas, los rishis,
pusieron su labor
y el fruto
en manos del Creador;
así su obra perdura,
vitalízate en ella;
no te conformes con taxidermia,
goza del vuelo del pájaro.

Los astros no esperan,
aunque continuemos decúbito;
los árboles dan el fruto,
aunque "su dueño"
no los de ni los venda.
El tiempo transcurre,
medita y actúa,
ofrécele todo
a Quien te lo dio.

Brillará en ti, alma,
la bendición de Dios.-

DAR

Sueles acordarte
que alguien contigo
está en deuda,
inquietándose su olvido.
Tu deudor parece ajeno
a tu memoria.
Carga tu desasosiego
en la barca del Leteo,
y para ti será la caridad.

Dices que son muchos tus favores
y temes que en la barca no quepan.
Te respondo: no has hecho favores,
pues si esperas recompensa
en objetos o palabras,
tan sólo negocio has hecho.
Si tu favorecido
de ti no es digno
¿por qué seguir engrillado
a su memoria?

Además, lo tuyo, ¿es tuyo?
La oxihemoglobina alveolar
¿la efectúas con aire propio?
Durante el día, formas y colores,
¿los iluminas a tus expensas?
Los trinos, la belleza de la flora,
de montañas, arroyos,
¿te producen erogación?
La naturaleza toda se te brinda,

sin pedirte siquiera
respeto o admiración,
¿qué das por ello?

Reflexiona.
Piensa en el Dispensador
de todos los bienes,
que nada pide en cambio,
que no recuerda Su dación.
Y si quieres más aún:
ámaLe,
y habrás colmado tus arcas
con divina bendición.-

HONTANAR

Siempre pruebas
con nuevas distracciones,
quieres hallar
la que colme tus vacíos.
Si buscas a tientas
gastarás muchas suelas;
detente y observa:
quienes no buscaron
dispersión alguna,
tuvieron corazón tan amplio,
que sus diástoles y sístoles
atrajeron la sangre de los pueblos
y la impulsaron
hacia nobles ideales.
Sus circunvoluciones completaron
los balbuceos de licencéfalos.
Su voluntad irrumpió
en apatías seculares.
Su fe, cual acero toledano,
mantuvo firmes a pueblos enteros.
Su santidad fluyente
aún calma la sed
de quien se torna receptivo.
Decídete y colmarás tu existencia
con plenitudes excelsas.
Sé uno más en el camino
conociendo tu destino.
Escoge tu arquetipo
y trata de alcanzarlo.
que, aunque lo veas lejano,

te extenderá tu santa mano.
La beatitud no necesita
lúdicras evasiones,
está presente
en las buenas acciones.-

LECCIÓN

Señor,
  si poco es mi conocimiento,
mi vocabulario restringido,
mis expresiones simples,
¿cuándo, cómo podré decir
lo que yo, alma, intuyo?

Paupérrimas condiciones
para las potenciales alas
aún plegadas.
Mi anhelo es llegar;
¿cuándo? si no he partido.
¿Cuándo partir?
si no estoy preparado.
¿Cómo alistarme?
sin alforjas ni vituallas.

* * *

El Señor responderá:
el conocimiento no se mensura,
es realización;
el vocabulario no se habla,
se insinúa;
las expresiones no se componen,
se viven;
lo que se intuye no se dice,
se ofrece.

¿Quién paupérrimo,

89

el del tonel o el magno?
Nunca el alma sus alas pliega,
es la jaula que al pájaro retiene.
No es suficiente anhelar el arribo,
debes tener voluntad firme.
¿Tu partida?
en longincuo pretérito iniciaste.
Si la vida,
en toda manifestación amas,
estás preparado.
Eres alma, tus alforjas eres tú,
tus vituallas, vibraciones.

* * *

¡Oh!, Señor,
yo era extranjero en mí mismo,
ahora podré tener el cosmos,
podré saber de Ti;
seré más Tú que yo.-

XXXV

UNA

-La vida es una sola,
hay que aprovecharla- dices.
-Concuerdo contigo,
mas mi interpretación
de la tuya difiere.
Para ti, el reloj
no alcanza al siglo.
Para mí, eternidad alcanza.
Tú aprovechas la vida
cubriendo tu alma
con caducas acciones.
…gratificación epidérmica
que venda los ojos,
que alisa el cerebro.

Te ocupas en acomodar tu cuerpo
que dejarás después;
úsalo en cambio
para modelar carácter,
para acrecentar voluntad,
para rectificar dirección,
para develar tu alma.

Así, el cuerpo
es lo más importante,
transitoriamente,
cual andamio
para edificio del alma.
Prepárate para prescindir
de postes y tablones,

deja lucir al alma
en su arquitectura plena.

Entonces serás luz, brújula,
puente, manantial.
Reflexiona sobre el Fénix,
eterno renacimiento.

La vida es una sola:
eternidad.
Aprovéchala transmutando
lo humano en divino.-

ES

No creas en Ser supremo
si ése es tu deseo,
pero realiza la prueba
de actuar como si existiera.

Comenzarás a observarte
en acciones y reacciones.
Desecharás hábitos
y adquirirás otros;
por si Alguien omnipresente
pudiera observarte.

Transcurrido el tiempo
te asombrará tu cambio,
habrás ganado simpatías,
las hostilidades serán menos.
Sentirás indefinible alegría,
podrás discernir
entre lo que es valor,
y lo ficticio.
Tu horizonte estará más lejos,
pero calzarás talares;
tu cielo estará más alto,
pero te erguirás
sobre elevado plinto.
Tus sentimientos
serán profundos,
te habrán nacido alas.

Si es tu deseo,

no CREAS en Ser supremo,
pero seguro estoy
que llegarás a SABER
que el Señor ES.

No tienes por que compartir
con Vivekananda:
"¡Señor déjamela la dulzura
de creer sin haber visto!".

Dicen también los Evangelios:
"Bienaventurados
los que no vieron y creyeron".
Tú necesitas ver, observa;
tu empirismo
habrá de conducirte
al mismo infinito.
Llegarás a amar lo Indefinible;
humano presente que Dios aguarda;
dichoso arribo de toda criatura.-

TENTACIÓN

Las pinacotecas muestran
la imaginación artística
de eximios pintores
que intentaron plasmar tentaciones.
Modelo conocido es San Antonio
representado por Tiépolo,
Bosch, Brueghel Joven,
Teniers, Tassaert, Callot…

La literatura religiosa y profana
también es fecunda
en tal debilidad humana.
Se presenta a santos y profetas,
ante mundanales tentaciones.
Pienso: sus pinceles y sus plumas
levantaron monumentos artísticos,
mas no significa ello
idoneidad para juzgar almas.

La posibilidad de ceder,
a oportunidades no virtuosas,
está muy lejos de ser,
para las almas piadosas.
Antes que placenteras,
son tormento,
las gratificaciones sensorias,
para el profeta y el santo.

Aunque tus registros acusaran
alimentaria necesidad,

manjar de vermes no te tentará,
con seguridad.
Análogamente creo
que tentación no llega,
a plano de Iniciado,
(por mucho que vea y lea).

Será trascendente para todos,
intentar verificación tan magna,
dado que esas nobles almas
señalaron para nos, senderos.
Las posibilidades no son lejanas
como a priori se presentan;
si con inteligencia el señalero
hace cambios en las vías,
el tren irá sin riesgo
hasta aquellas lejanías.

Nuestra inercia es montaña,
pero, "mens agitat molem";
tengamos fe
y transportaremos la montaña;
y una vez en el Sendero,
dejaremos a pintores y escritores
sin tan cáustico argumento.-

PHOHE

El poeta se expresa con libertad;
el científico
es rigurosamente exacto,
aunque su exactitud de hoy
sea error mañana.
El poeta dice verdades de siempre
con meridiana claridad
o tras barroco ornamento.

Muchos tienen vocación de geómetras,
anteponen escuadra y compás,
posponen alma y esencia.

Repites que: "Dios geometriza".
Sí; pero también creó
la proteiforme ameba,
la nube, el movimiento browniano,
los continentes,
donde Euclides no intervino.
En ellos se da la belleza,
ajenos a rigor cristaloide.
El panal responde a la métrica
pero su sabor es anodino.
Es aromática y dulce la miel
que sin medida se desliza.

Si logras presentar una colmena,
a la vez, medidas y ambrosía,
si tu obra es creación,
tu vuelo rozará las cumbres:

de Rubén, Gustavo Adolfo, Amado…
Si no puedes,
derrocada sea la cuadrícula
en honor al sentimiento.

Que tu poema sea prístina vivencia,
y no cuidado hipogeo,
seamos arquetipos de virtud,
hay muchos olímpicos competidores.

Que tu decir sea espontáneo y sincero,
edificante y balsámico;
substancial. Esencia.
Tu expresión:
vibraciones de limpio corazón
y no decir de publicano.

Deja al palimpsesto ilegible
si tus palabras
no mejoran el silencio.-

SIEMPRE

Quieres dedicarle tiempo al Señor,
seleccionando día y hora propicios.
Piensas que de la semana,
el primer día, o el séptimo,
se adecuan a tu devoción;
¿y la hora?, matutina o vespertina,
sin coincidir con tus múltiples tareas.

* * *

El cosmos no es caos
debido a leyes siempre-actuantes.
La atracción gravitacional
de treinta y tres miligramos
la ejerce nuestra estrella
de modo permanente,
anulando nuestra fuga tangencial.
La energía cósmica no es periódica.

¿Por qué ha de ser hebdomadaria
tu sintonía con el Padre?
No te sitúes en medidas
traslativas o rotativas,
que son del suelo.
Nuestra Era es Espacial;
elévate y no habrá noche,
será eterno día del Señor;
todo instante
propicio para recordarLe.

99

¿De qué Manera?
como lo desees:
en tus momentos cerebrales
piénsaLe como Padre;
como Madre
cuando fluya el sentimiento;
cuando racional
concíbeLE impersonal;
si tu devoción te pide
representación más humana,
siénteLe personal
en Divina Encarnación.

A ti se te llama por tu nombre,
apellido o pseudónimo;
puedes ser al mismo tiempo
hijo, padre, hermano;
pero siempre serás tú mismo.

El Autor del cosmos
acepta todo idioma, todo nombre.
Acorde con nuestra naturaleza
se nos presenta como Padre, Madre.
Personal, impersonal.
Creador, conservador, renovador.
Pero siempre será Él, el Uno,
en permanente entrega,
sintonízaLo siempre, siempre.-

ENCUENTRO

Hallamos procederes antagónicos
pareciéndonos ambos razonables.
Así el de Galeno y el de Hahnemann.
Las estalactitas y las estalagmitas
en sentido opuesto se extienden
y las dos carbonato de calcio son
que a infiltraciones obedecen.
Las esferas se atraen
en relación directa de sus masas
pero inversa a su distancia.
El tóxico también cura.
Busca a Dios quien al templo acude;
también Lo busca
quien de lo sacro se aleja.
Al hombre lo vemos
con sus raíces en geo
aunque algunos están
sustentados en el cielo.
La cultura se desarrolla
por análisis y por síntesis;
el primero da conocimiento,
la segunda, sabiduría.

Galeno y Hahnemann
en la salud se encuentran.
La persistente
infiltración del carbonato
une estalactita con estalagmita.
Cuadrado y cubo
de masa y distancia

en gravitación se asocian.
En salud se resuelve
el shock medicinal.
Encuentra a Dios el devoto
y el mundano Lo encuentra,
aunque el primero sin dilatación
y el segundo tras mucho andar.

Seamos fraternos y aceptemos
a quien como nos, camina,
y también aprobemos
el sendero que otro transita,
pues según los Evangelios
allá hay más de una morada
en que todos los humanos
tendrán celeste posada.-

DIVERSIDAD

La vida, el universo,
son ubérrimos.
La Fuente nos dio
posibilidades infinitas;
puedes estar años
observando inflorescencias,
cósmicas espirales,
inmortalidad celular,
geológicas estratificaciones,
reacciones psíquicas.
Puedes diseminar la flora,
o cuidar la fauna;
pensar o sentir,
captar o irradiar.
Arribar puedes
por vía polar,
por oriente u occidente;
alfa es tu sendero,
omega de tu destino.

La diversidad es infinita.
El Creador nos dio laboratorio
que toda escala abarca.
Utiliza tu tiempo,
prepara inteligencia,
pero más tu sentimiento.
Juega con inocencia
en este temporal recreo
antes que la campana
te enfrente a tu Maestro.

Si tus dudas son montaña
y el análisis, abrumador,
sé práctico, busca la Causa
de aqueste inmenso atanor.

No cuentes las hojas,
nútrete con Su fruto,
que hará hábil tu alma
para hollar otros mundos.

Sé hijo de Dios,
más que hijo de hombre;
el hombre es inconsciente,
Dios es omnisciente.

La historia cuenta que
los creídos hijos de hombres,
lo transitorio atesoraron,
y que sólo bienes del alma
los profetas tomaron.
Los caminos son muchos,
elige cualquiera,
es largo el que es ancho,
es corto el que aprieta.-

MUNDO

Este mundo tiene eventos
que hacen amar la vida,
aunque también hechos cruentos
que nuestra alma fatigan.

Demos gracias al Señor
por todo hecho feliz
y tomemos con amor
lo que nos hace sufrir.

De los momentos gratos
extraigamos fortaleza
para sobrellevar estoicos
de la vida su impureza.

Dios hizo el mundo
para que fuera un Edén,
mas el hombre ha tornado
todo lo bueno al revés.

Aun así al mundo acepto
de esta manera cambiado;
pues bien afloja los nudos
de civilización en ocaso.

Contratiempos son mensajes
que traen a la memoria
evangélicos pasajes
de una divina historia.

Siendo este mundo hostil
tengamos para consuelo
palabras de El-que-va-a-venir
cuando pisó este suelo:

"Mi reino no es de este mundo".
Aflojemos ataduras
y con amor muy profundo
compartamos Su ternura.-

ESFINGE

Eres la Esfinge,
soy la Esfinge.
Los Evangelistas fueron
su enigmática expresión;
de la humana naturaleza,
sus evolutivas etapas:
de Mateo, su fuerza física,
la moral y la virtud de Marcos,
el intelecto de Juan,
y la divina fuerza de Lucas.

Toro, león, águila, hombre;
naturaleza linfática,
sanguínea, nerviosa,
que la voluntad corona.
Tierra, agua, aire, fuego;
y de Ezequiel su visión
que la Biblia atesora.

El Enigma fue resuelto;
quienes la Esfinge modelaron
conocían su secreto.
"La humanidad
está salvada",
buenamente supusieron.
Pero, ¡ay! la arena
ocultó aquella antorcha,
por generaciones apagada,
por milenios olvidada.

Desde que resurge
pasaron cuatro milenios
y el humano rostro aún sigue
en lo caduco inmerso.

Esfinge, tú, reenciéndete,
ya libre de arenas
y de agnósticos símbolos,
no habrá celemín que te oculte,
ni mente que no te vea,
ni corazón que no te ame.-

MAR

"Mas a la cuarta ve-
la de la noche Jesús
fue a ellos andando
sobre la mar."
Mt. XIV

Mar,
la majestad de tu presencia
teje alas a la mente,
que transportarse anhela
a tu inasible horizonte.

Tu arrullo siempre nuevo
brinda al pensamiento branquias
que llega así a lo profundo
de tus ignotas entrañas.

Los pueblos de todo el orbe
unidos por ti estuvieron,
pese a que en sus Columnas
un "nec plus ultra" pusieron.

Mar, cuna de la vida,
madre es tu origen;
atanor de divina estirpe,
de ti, todos surgen.

Tu cuerpo es el agua,
de Materia-Raíz símbolo,
en ella Dios estaba,
lo dice el sagrado Libro.

De proceloso suelen tildarte;
pero el hombre se equivoca.
Quien de pecado estuvo libre
por tu faz firme transita.

Mar,
si en oriental símbolo
lácteo te presentas
es porque nuestro mundo
en Láctea Vía se sustenta.

¿Tu cuerpo? Divisible y versátil.
Cual la Unidad se hizo mundo,
cual es la vida, cambiante;
no obstante, siempre es el mismo.

Si cuna de la vida eres,
¿serás también el sino,
cual de Atlántida se dice?
¿o habrá otro destino?

Dios de la vida es alfa,
a ti beta corresponde.
El Señor será omega,
sin duda, de todo el orbe.

Sobre tu faz en las ondas
en un arca mi cuerpo flote,
para que suba, yo, alma,
hasta del cosmos la fuente.

Manará otra vez la Fuente
agua genesíaca primera
para animar la última simiente
como prima en otras esferas.

Distinta será la mar
pero su esencia la misma,
y los seres sabrán amar
en real comunión divina.-

"INVOLUCIÓN"

GRECIA,
la impronta de tu paso
se estereotipó en BELLEZA.
Captaste la forma
y tus genios la transformaron
en vida de tu estatuaria.

Aguardamos aún que la Belleza
de tus Diálogos sea develada;
pues han sido transcriptos
mas no interpretados.

*

EGIPTO antiguo
tu legado fue la RELIGIÓN,
Osarsif bebió de tus fuentes,
supo del séptuple significado
de tus símbolos.
Jetro lo ejemplificó.
El Sinaí le dio sus Tablas.
¡Quién pudiera ser cual sofo
para aprehender tus escrituras!

*

PERSIA,
tu sino fue
la PUREZA,
que forjó nobles idealistas.

Fuiste divino alambique
que destiló savia oriental
para gloria
de quien quisiera captarla.

Tu Zend-Avesta
(comentario-Ley)
del milenario Zoroastro
influyó notoriamente
en las enseñanzas místicas
de la doctrinas mosaicas.

*

ROMA,
tú, cuna de la LEY,
aunque no su fuente;
dictaste para los hombres normas
por las que deben regirse.

Te simentaste en "jus"
(derecho humano);
cuan diversa la convivencia sería
si hubieras optado por el "fas"
(derecho divino).

*

CALDEA,
las radículas de la CIENCIA
llegan a tu refugio de Elam,
donde también se nutrieron
Egipto, Asiria y los hititas.

Tu genealogía: camita y turania;
y tu tradición: ariana

113

por el sabeísmo zoroastriano.

Fuiste monoteísta en Ilú,
por tríada manifestado:
Oannes-Ao-Bel. o
Ea-Anú-Nuch.

En Korkura, su arca
Xisustros encalla,
cual Noé en Ararat.

La teoría numérica pitagórica
se asocia al "Sepher Yetzirah".

El Almagesto ptoloméico
nombra con tu voz las estrellas.
Tu ciencia la conoció el SEÑOR
por boca de tu adepto Hillel.

*

INDIA,
nada se ha perdido,
todo está allí,
en tu santo regazo.
DHARMA es tu verbo,
que salvará la progenie.

Quintaesenciemos nuestra vida
para realizar nuestro drama.
Entremos en acción
sin que ello actuemos;
seamos instrumento divino.
Que los actos y sus frutos
no nos pertenezcan,
que nada nos ligue.

114

Que la oscuridad
no llegue a obnubilarnos;
que la luz
no pueda deslumbrarnos.

Religión, Ley, Pureza,
Belleza, Ciencia…
omniabarcadas por el Drama
que la India nos pronuncia.
Hontanar sempiterno
que al Supremo nos conduce.

"Involutivo" sendero
de profetas y de santos…
Sea ése mi destino.-

PLENITUD

Señor,
tengo veinticuatro horas
plenas de Ti.
Me diste
trescientas sesenta y cinco jornadas
que colmo con Tu presencia.
Dispongo de Tu bondad
en mi siglo.
la eviternidad
que me otorgaste
la uso fraccionada en tiempos.
Antes de existir
me encontraba en Tu voluntad.
Ahora estoy en Tu pensamiento.
El futuro me aproxima
plena comunión conTigo.

Te poseo por fe, amor y voluntad.
Puedo ser privado de todo,
menos de Tu presencia
(que es tener Todo).

Déjame querer lo que no quiero;
Pues estando en el mundo inmerso
no quiero lo que veo
ni veo lo que quiero.

El resultado de acciones soy.
Anhelo ser noble causa

de inqualificadas acciones.
Pero también aguardo
trascender el ser
y el no-ser;
para sentir que no siento
para pensar que no pienso.

oh, quien pudiera transmutar
seidad en deidad.

Quiero un tiempo lento,
para así, más amarTe
(si más pudiera).
Quiero un tiempo rápido
para compartir Tu hado,
para sentir que no siento,
para ser lo que no soy.
no quiero tiempo alguno
(aunque abstracción sólo sea),
pues separa.
Dame eternidad, Señor,
que eterno me siento.

Aunque, cual alma, intuyo
que la eternidad es poca;
hay otra medida, seguro estoy,
que no es medida
que no es tiempo
que no es eternidad
que no está antes
ni después
ni ahora.

No está, no existe…
Eres tú, Señor.-

TRAYECTORIA

(Tinieblas).
Esto es todo.
Todo soy yo.
Demiurgo de mí.

* * *

(Alumbra un pebetero).
¡Oh! ¡Cuántos cuerpos!
Yo soy lo menos.
Hay sombras y hay luz.
Veo todo.
¡Y por mí,
nada de eso fue hecho!

* * *

(Se enciende un farol).
¡Más luz!
¡Era posible más luz!
Las sombras
(mi universo primigenio)
son menos negras.
Se refugian en mi olvido.

* * *

(Alumbra un reflector).
¡¿Cómo pueden
tantos lúmenes unirse?!

Se dilata **mi** universo.
¿O es **el** Universo que atisbo?
Yo no lo hice.
No obstante, allí está.
Existe.
¿Será, además, Real?

* * *

(Más luz).
¡Que haya menos!
Necesito más sombra.
Me confundo.
Rebasa lo existente.
La Realidad es diversa
de **mi** realidad.
¡Necesito sombras
para ver la luz!
Sombra…
para que la luz
no se me torne sombra.
Pequeñez,
para contrastar lo grande.
Efímero,
para concebir lo eterno.
Humano,
para educir divinidad.
…Existo, pienso.
fuera de mí
hay un Hacedor.

* * *

En las tinieblas
tenía pocas ideas,
y todas respecto de mí.

119

En la penumbra
me relacioné con el mundo;
trascendente apertura.
La luz borra
mis obstinadas sombras,
desquicia mi egotismo.
Deslumbrado,
siendo consciente
de ser partícula,
ya no soy partícula,
la trasciendo.

* * *

"Y creó Dios al hombre a su imagen".
"En él estaba la vida;
y la vida era la luz
de los hombres.
y la luz
en las tinieblas resplandece",
nos dice el Eterno Libro.-

ESLABÓN

Soy una chispa del Gran Fuego
nuestra Madre Cósmica.

*

Destilo mi amor
para quintaesenciarlo.
_Su Amor es esencia.

El mío tiene finalidad
(llegar hasta su infinitud).
_Su Amor es principio.

El mío es gratitud.
_El Suyo es entrega.

El mío es humano, corpuscular.
-El suyo es divina vibración.

-El Suyo es posesivo
(pues anhela perfección).
_El Suyo, eterna dación.

El crisol de mi soma
apartará la escoria.
_En Su gloria no hay
crisol, ni soma, ni escoria.

*

121

Si soy un fotón en la Gran Luz
no habrá celemín que me oculte,
ni tendré alambique decantador.
la finalidad estará presente,
será una con el principio.
será mi amor eviterno;
en Ti estoy y para Ti es.

Tú eres de siempre y para siempre.
Más allá del existir
continuarás siendo,
y mi amor conTigo;
eslabón para todos
que todo lo trasciende.-

NOUS

Oh, Madre Cósmica,
mi amor por Ti
de agradecimiento
estuvo teñido.
Que no agradezca,
quiero que mi amor
por sí sólo sea,
cual el Tuyo
que siempre y todo abarca.

Si en Ti estoy inmerso
Tu Amor y el mío coexisten.

No será grande
ni pequeño
mi amor por Ti,
no podrá medir,
a imagen del Tuyo,
que cubre la infinitud
pequeña como grande.

No será mi amor
puro ni impuro.
Estará libre
de toda clasificación.
Tú eres inqualificable, Madre.
Mi amor trascenderá
la lumínica ambivalencia
corpuscular-vibratoria.

*

De mí, siendo dueño,
ya podré avanzar.
Ni ruido ni silencio
mi cuerpo afectarán.

*

No habrá cuerpo.
Habrá luz.
Luego su fuente.
Ergo, voluntad de Ser
y de No-ser.
universo orgaloléptico.
Cosmos presensorio.
Rua-Aelohim-aur
(pulsátil Soplo de Fiat Lux).
Nuevo retorno
de Espiral Cósmica.
Humanidad divinizada.-

* * *

GLOSARIO

AELOHIM: significa: "Él; los dioses", el "Dios de los Dioses". Aelohim
es plural de Aelo, nombre dado al Ser Supremo por los hebreos y los caldeos, derivado de la raíz AEL, que expresa la elevación, HOA, es decir "El", es en hebreo, caldeo, siríaco, etíope y árabe, uno de los nombres sagrados de la divinidad. (Fabre d´ Oliver, La langue hebraïque restitiée).

ANEMÓFILAS: del griego: anemos-viento; philos-amigo.

ANGSTRON: unidad de longitud 1/10.000 de micrón, úsase para medir ondas eléctricas y luminosas.

ÁNGULO DE PARALAJE: ángulo formado en el centro de un astro por dos rectas que unen dicho centro con los extremos del radio terrestre que parte de los pies del observador.

ANOFELES: mosquito.

ANTECOS: habitantes sobre mismo meridiano pero distinto hemisferio.

ARENILLA RECUBRIENDO LA PINEAL: es para los fenómenos mentales, lo que el radio-conductor es para las ondas hertzianas.
La arenilla, como las limaduras de plata del radio-conductor, se orienta por la oscilación vibratoria, dejando pasar la corriente una vez vencida su resistencia.

ARGIROPEYA: arte de cambiar los metales en plata.

125

ARJUNA: en sánscrito: el "blanco" (literalmente) Héroe en el Bhagavad Guita. Simboliza al hombre.

ASINTÓTICA, MARCHA. aproximación indefinida a valor nulo.

ÁTOMO NOUS: partícula eterna en nosotros. (v. nous).

AVATARA: encarnación de la divinidad.

AVERNO: infierno.

BAALBEK: ruinas del Líbano (¿plataforma interplanetaria?).

BARCA DEL LETEO: leteo-olvido; río de los infiernos.

BUDDHA: "iluminado", título de Gautama Sakyamuni.

CANIJO: débil.

CELEMÍN: medida de capacidad para áridos. (voz bíblica).

CENTROBÁRICO: perteneciente al centro de gravedad.

COLUMNAS: las de Hércules en Gibraltar.

CORTICALES: capas del cerebro.

COSMOS: Suprema Armonía Evolutiva. Serie indefinida de sucesivos universos más todo cuanto no captan nuestros sentidos. (ver Universo).

CRENCHA: raya que divide el cabello en dos partes.

CRISOPEYA: arte de cambiar los metales en oro.

DECÚBITO: posición horizontal.

DEMIURGO: dios creador, en la filosofía platónica.
DENDRITAS: ramificaciones de las células nerviosas que hacia ella conducen sensaciones.

DEUTEROSTOMÍA: oposición de protostomía. (ver).

DICOTOMÍA: bifurcación.

DIÓSCUROS: "hijos de Júpiter". dado a los gemelos Cástor y Pólux.

DIPSÓMANO: con manía de beber.

DZIBILCHALTON: ruinas de Yucatán, al norte de Mérida.

EDÉN: (del hebreo) delicias.

EGOTISMO: sentimiento exagerado de la propia personalidad.

ELECTRONES: negativos.

ENDÓSMOSIS: corriente de fuera adentro.

ENTROPÍA: vuelta a estado primitivo, a nivelación, quietud, dejar de funcionar.

EOLO: dios de los vientos hijo de Júpiter y de la ninfa Menalipa.

EPIFONEMA: exclamación sentenciosa que resume un relato.

EPISTEMOLOGÍA: ciencia que estudia los principios materiales del conocimiento.

EQUINOCCIOS: momentos del año en que los días son iguales a las noches (marzo y septiembre).

ESCISIPARIDAD: reproducción asexuada.

ESPIRÓGIRA: spyrogyra; bella alga verde filamentosa.

ESTEQUIOGÉNESIS: serie de los elementos.

EVITERNO: que habiendo tenido principio no tendrá fin.

EXÓSMOSIS: corriente de dentro a fuera.

FILÁSTICA CRISMA: fig. cabellera.

FISIOTERMIA: calor fisiológico.

FITOLÓGICA. vegetal.

FOTÓN: partícula de energía luminosa.

FRIGIO, JOVEN: Esopo.

GEHENA: infierno (voz bíblica).

HÁBITAT: morada.

HAHNEMANN: fundador de la medicina homeopática.

HEBDOMADARIA: semanal.

HELIOGÁBALO: célebre por lo comilón.

HEXÁPODOS: insectos.

HIPOGEO: sepulcro.

HONTANAR: fuente.

ÍCARO: hijo de Dédalo; al acercarse demasiado al sol se derritió la cera con que tenía pegadas las alas.

INTUSUSCEPCIÓN: modo de crecer por asimilación interior, en animales y plantas. Los minerales crecen por yuxtaposición (agregación externa).

"INVOLUCIÖN": vuelta de la Fuente.

JETRO: suegro de Moisés.

KRISHNA: su etimología nos expresa azul oscuro. Negro en oposición a Arjuna (blanco).

LEPIDÓPTERO: mariposa.

LEXICÓN: (lexikon, de lexis, lenguaje, palabra) diccionario.

LICENCÉFALO: de cerebro liso; (cuanto más liso el cerebro menos inteligente).

LONGÍNCUA: muy lejana.

LUDICAS: relativas al juego.

MACROBIO: ser inmenso.

MADRE CÓSMICA: aspecto del infinito Increado que se manifiesta en forma activa en la creación. Dios tomado como Madre.

MANIFESTACIÓN ORGANOLÉPTICA: percibible por los sentidos.

MARCHA ASINTÓTICA: aproximación indefinida a valor nulo.

MICRÓN: unidad de longitud 1/10.000 de mm.

MÓNADA: en el sistema de Léibiniz, sustancia sencilla, activa e indivisible de que se componen todos los seres. También significa la Tríada o la Dúada unificadas. La Chispa divina, el "Jiva", el Yo. Hálito o vida exhalada del "Logos"; etc.

NECROCOMIO: del griego: negros-muerte; komein-cuidar; albergue de cadáver.

NIRVANA: estado de beatitud perfecta por integración en el alma universal.

NO-SER: no es la negación del Ser Abstracto, sino de lo que los sentidos presentan a la mente como Ser. EL NO-SER es lo absoluto, la Existencia absoluta. NO-SER es absoluto Ser.

NOUS: así designó Platón al Alma o la mente superior. Espíritu, opuestamente al alma animal (Psyche). Mente o conciencia divina en el hombre. Anaxágoras designaba con nous a la Divinidad suprema.

OLIMPO: el cielo; el empíreo.

ONTOGENIA: formación y desarrollo del individuo considerado con independencia de la especie.

ORGANOLÉPTICA: percibible con los sentidos.

OSARSIF: nombre egipcio de Moisés.

OXIHEMOGLOBINA: oxigenación de la sangre de los pulmones.

PALIMPSESTO: pergamino borrado para escribir nuevamente.

PALINGENESIA: vuelta a la vida.

PARAMAHANSAJI: (ver "Autobiografía de un Yogui").

PARÁMETRO: constante de algunas ecuaciones.

PARSEC: (de paralaje y segundo) unidad de distancia empleada en astronomía estelar equivalente a 30,8 billones de km., ó 3,26 años luz. Es la distancia de una estrella cuyo ángulo de paralaje es de un segundo de arco.

PHOHE: (del fenicio) boca, voz, lenguaje, discurso. Con "ish" dio origen a "poiesis": poesía. ISH: ser superior, ser principio; en sentido figurado: Dios. La poesía surgió de los templos en lengua sagrada.

PÍNEO-HIPOFISARIO: aparato formado por la hipófisis y la pineal, consideradas como cátodo y ánodo del mecanismo electro-químico que es el sistema nervioso.

PLINTO: base sobre la que se apoya una estatua, o columna.

PRANDIÓFAGO: del latín: prandium-almuerzo, fago-comer.

PRECESIÓN: movimiento retrógrado de los equinoccios.

PROTÁGORAS: sofista griego nacido en Abdera (485-410 a. C).

PROTONES: positivos.

PROTOSTOMÍA: división del reino animal a la que pertenecen los seres que tienen una cuerda nerviosa dorsal, sin esqueleto ni cráneo.

RADIOLARIOS: protozoarios con filamentos radiados.

RAMA: séptimo avatara de Vishnú; protagonista del Ramayana.

RAMAYANA: el más antiguo de los poemas épicos sánscritos, escrito por Valmaki unos 5 siglos antes de J. C. es una especie de Biblia.

RONDA: oleada de vida.

RUA-AELOHIM-AUR: ruah caracteriza una potencia expansiva. "Soplo-Aelohim-Luz" (elementización inteligible). El Soplo Divino volviendo sobre Sí mismo crea la Luz inteligible.

RUEDA DE ASOKA: rueda de las existencias.

SEPHER YETZIRAH: "El Libro de la Formación". Antiquísima obra atribuída al patriarca Abraham.

SEIDAD: calidad de ser.

SEPTENTRIÓN: hemisferio norte. Septen triones-siete bueyes, de la Osa Mayor.

SIMBIOSIS: asociación de organismos de diferentes especies para ayuda mutua.

STONEHEGE: monumentos megalíticos del sur de Inglaterra. (reloj astronómico?).

TAXATIVA: limitativa.

TAXIDERMIA: disecación de animales.

TELEOLÓGICA: aplicable a causa posterior al efecto.

THÁNATOS: dios de la muerte entre los griegos.

TISULAR: relativo los tejidos.

TRAGALDABAS: de traga y aldabas; persona que traga mucho.

TROFOLÓGICA: referido a la nutrición de los tejidos.

TU NE ME CHERCHERAIS…: no me buscarías si no me hubieras encontrado. (Pascal).

UNIVERSO: Uno Invertido. Proyectiva de lo Incognoscible. Es progresivo; evolutivo. Unidad Absoluta de lo que podemos captar con nuestros sentidos. (ver cosmos).

VANITAS VANITATUM: vanidad de vanidades.

VEDAS: libros sagrados de la India, de origen no humano.

VINOBA: Acharia Vinoba Bhave inició el movimiento Bhoodan (donación de tierra) en 1951, distribución equitativa, scrificial (yajna).
Bhoodan evolucionó naturalmente en Sadhan Dan (donaciones de instrumentos de producción); Sampatti Dan (donación de riquezas); Buddhi Dan (donación de pericia y conocimiento profesional); Shram Dan (donación de trabajo); Gram Dan (donación de toda una aldea); a lo que se agrega Joevan Dan (donación de vida).

VULGARIZACIÓN: acción y efecto de divulgar. "vulgaris" del latín, poner al alcance de todos.

XIFOIDES: extremo inferior del esternón.-

TABLA

* * *

www.ingramcontent.com/pod-product-compliance
Lightning Source LLC
Chambersburg PA
CBHW020040040426
42331CB00030B/103